l'abeille — la taupe — les têtards — le loir — les trèfles

le campagnol — les grains de blé — les fruits — la pâquerette

la pelle — le singe — le râteau — le grillon — la mare

le rat des moissons — le lérot — la taupinière — le nénuphar

le ver de terre — l'araignée — la musaraigne — le scarabée

© Lito, 1997
ISBN 978-2-244-42819-2

Lito
41, rue de Verdun 94500 Champigny-sur-Marne
Imprimé en UE
Loi n° 49-956 du 16 juillet 1949 sur les publications destinées à la jeunesse
Dépôt légal : janvier 2009

Je lis
avec les animaux de la campagne

Yvette Barbetti

Éditions Lito

La musaraigne

Cachée dans un talus, la 🐁 fouille la terre avec son museau pointu, croque un 🐌, avale un 🪲. Sous les 🌼, elle se trouve nez à nez avec Madame la 🐀 qui sort de son terrier. Dès qu'il fait nuit, la famille 🐁 au complet, en file indienne, s'en va trottiner.

 # La coccinelle

Rouge comme le 🌺, quelques points noirs sur le dos, la 🐞 déploie ses ailes et s'envole dans le ciel. Elle survole le champ de 🍀 et le pré avec le 🦋, l'🐝 et le 🐝, se pose sur une 🌼 et pirouette dans un buisson pour déguster quelques 🦗 sans déranger la 🦗 et le 🦗.

La chouette

Hou ! Hou ! Dans le silence de la nuit, la 🦉 sort de son trou, s'élance sans bruit, rase le sol et ramène une 🐭. La 🐸 et le 🐀 s'enfuient à toute allure dans leur abri.

Pelotonnés dans le nid, les poussins blancs attendent le retour de la 🦉, leur maman.

Le loir

Une 🐾 touffue, de grands yeux noirs, voici Monsieur le 🐿️ qui s'en va chiper des 🍒🍐🫐 bien sucrés pour son dîner. Son cousin le 🐁 est un original avec ses lunettes noires ! Ensemble, ils font du trapèze volant et croquent les bons 🍒🍐🫐 juteux en compagnie de leurs petits, toute la nuit.

Le rat des moissons

Voici le 🐭 qui se balance dans son 🪺 tout rond ! Agile comme un 🐒, il fait des acrobaties sur les 🌾 pour attraper les bons 🌰.

Un, deux, trois, il redescend la tête en bas et se faufile entre le 🌺, la 🌼 et le 🌸, en compagnie de ses petits amis, le 🐁 et la 🐦.

 # La grenouille

Coâ ! Coâ ! La 🐸 coasse. Un petit saut par-ci, un petit saut par-là, plouf ! dans la 🌿 avec les 🐟. Hop ! la revoilà sur un 🪷, guettant la 🦋 qui voltige tout près. Ses amis, le 🐸 et la 🐸 sont partis en goguette dans l'herbe verte du pré, pour chasser le 🪱 et l' 🕷.

La taupe

Madame la a bien travaillé. Une ? Un ? Pas besoin ! Avec ses pattes griffues, elle creuse des tunnels partout. La nuit venue, son joli museau pointu sort de la pour prendre l'air. Madame la redescend grignoter un et retrouve ses bébés qui l'attendent sagement.

Madame la 🦔 a bien travaillé. Une 🪣 ? Un 🍴 ? Pas besoin ! Avec ses pattes griffues, elle creuse des tunnels partout. La nuit venue, son joli museau pointu sort de la ⛰ pour prendre l'air. Madame la 🦔 redescend grignoter un 🐛 et retrouve ses bébés qui l'attendent sagement.